ÉLOGE
DE
R.-JOS. VALIN

PRONONCÉ

A LA SÉANCE DE RENTRÉE DES CONFÉRENCES DES AVOCATS
STAGIAIRES PRÈS LA COUR ROYALE DE POITIERS,

Le 16 décembre 1843,

PAR M. GILLET-LEPELLETIER,

AVOCAT STAGIAIRE.

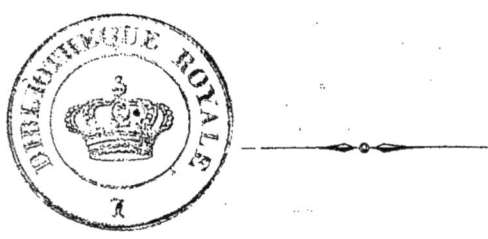

POITIERS,
IMPRIMERIE DE F.-A. SAURIN.

1845.
1844

ÉLOGE

DE

R.-JOS. VALIN

PRONONCÉ

A LA SÉANCE DE RENTRÉE DES CONFÉRENCES DES AVOCATS
STAGIAIRES PRÈS LA COUR ROYALE DE POITIERS,

Le 16 décembre 1843,

PAR M. GILLET-LEPELLETIER,
Avocat stagiaire.

Messieurs,

Parmi les jurisconsultes qui ont la noble ambition de léguer à la postérité le fruit de leurs études et de leur expérience, il en est dont les ouvrages, après avoir été accueillis avec plus ou moins de faveur, cessent d'être consultés et tombent dans l'oubli, lorsque les monuments législatifs auxquels ils se rattachent viennent à être renversés. Trop faibles pour vivre par elles-mêmes, leurs créations ne puisaient quelque raison d'existence que dans les textes dont l'autorité les soutenait; elles doivent périr lorsque cet appui leur est enlevé. Au-dessus de ces hommes dont il ne reste plus qu'un nom entouré de souvenirs bientôt effacés, d'autres s'élèvent qui, plus heureux, savent assurer à leurs écrits un sort bien différent. La législation en vigueur à leur époque est aussi le sujet sur lequel ils s'exercent; mais, au lieu de s'appuyer timidement sur cette base fragile, s'ils empruntent le secours de la loi positive, c'est pour s'élever plus sûrement aux grands principes du droit dont elle n'est qu'une émanation, et la dominer par une intuition puissante de ces principes. Partout dans leurs ouvrages, au-dessus des textes périssables, on reconnaît la présence des vérités éternelles; et quand le principe d'autorité qui soutenait les textes vient à se retirer d'eux, les travaux de leurs grands interprètes deviennent sans doute d'une utilité pratique moins journalière, mais ils restent toujours comme la source la plus pure de la science, comme le miroir où se reflètent les principes immuables dont la législation nouvelle n'est encore que l'expression sous une forme plus jeune. On y trouve comme en dépôt ces idées communes que les législateurs de tous les âges se transmettent successivement pour en faire l'application aux besoins de leur époque. C'est là, Messieurs, l'éternel honneur des jurisconsultes romains, que nous acceptons encore pour nos maîtres, après tant de siècles. Ils ont mérité de vivre aussi longtemps que le droit lui-même, qui s'identifie, pour ainsi dire, avec eux. Mais, sans remonter si haut, nous avons plus près de nous des noms auxquels est réservée sans doute une gloire aussi durable, quoique moins universelle. C'est celle qui s'attache à ces hommes éminents dont s'enorgueillissent les fastes de notre ancienne jurisprudence française, à ces vieux auteurs auxquels nous pouvons encore demander avec confiance l'explication la plus parfaite de tant de dispositions de nos lois modernes qui sont vraiment leur ouvrage; grands noms entre lesquels a droit de se placer, quoique environné d'un éclat plus modeste à certains égards, celui de René-Josué Valin, dont vos bienveillants suffrages m'ont appelé à l'honneur de vous entretenir dans cette solennité. Plus heureux même que beaucoup de nos plus illustres jurisconsultes dont la renommée est restée emprisonnée dans les frontières de leur patrie, le célèbre commentateur de l'ordonnance de la marine a vu la sienne s'étendre chez tous les peuples civilisés ; et cette gloire insigne, il ne la doit pas seulement à l'autorité universelle que l'ordonnance elle-même s'est acquise ; nul n'était plus digne que lui des honneurs d'un éloge public, juste hommage rendu à sa science et à ses vertus.

Un siècle ne s'est pas encore écoulé depuis la mort de Valin, et déjà nous pouvons regretter de n'avoir plus sur sa vie que des indications vagues et des détails incomplets. Quelques dates, les révélations précieuses que fournissent ses propres ouvrages sur son caractère, sur ses idées, sur le genre de son esprit, voilà, indépendamment de ces ouvrages mêmes, tout ce qui nous reste de lui. C'est à peu près, sans doute, tout ce qui pouvait rester de cette existence calme et si peu variée, qui ne fut marquée, ainsi qu'on l'a dit heureusement, que par trois événements qui en font toute l'histoire : la publication de trois ouvrages. Mais, à défaut de grands événements dont Valin, pour son bonheur peut-être, n'a pas légué la ressource à ses biographes à venir, nous aimerions à rassembler ces détails d'intérieur, ces traits de la vie de chaque jour auxquels tant d'intérêt se rattache lorsqu'il s'agit d'un homme célèbre.

Malheureusement cette curiosité si légitime trouve peu à se satisfaire. Une indifférence trop commune a laissé périr ces souvenirs intimes de la vie de Valin avec ceux qui pouvaient les posséder. Ils étaient effacés pour la plupart, lorsqu'une réparation trop tardive pour n'être pas incomplète est venue venger la mémoire du grand jurisconsulte de l'oubli auquel elle avait été condamnée (1). C'est dans ces dernières années seulement qu'une notice

---

(1) Quelques renseignements se trouvaient déjà consignés dans un éloge historique de Valin, prononcé à une séance publique de l'Académie de la Rochelle, par M. Bernon de Salins, avocat, peu de temps après la mort du

biographique digne de ce nom a été écrite par un magistrat distingué, qui figurait alors avec honneur au premier rang du barreau que Valin a longtemps illustré (1). Son travail m'a été trop utile, pour que je ne saisisse pas avec empressement l'occasion qui se présente ici de le reconnaître publiquement.

Valin est né à la Rochelle le 10 juin 1695. Il naquit Français, mais il était d'origine étrangère ; il descendait d'une famille hollandaise réfugiée en France vers le milieu du xviie siècle. A cette époque, les dissensions religieuses qui avaient longtemps ensanglanté l'Europe faisaient encore sentir leurs effets, mais sous une nouvelle forme. Aux guerres civiles, désormais rendues impossibles par l'inégalité des forces respectives des différents partis, avaient succédé de violentes persécutions, exercées par les sectateurs du culte qui, dans chaque pays, était sorti vainqueur de la lutte. Les sectes protestantes, oublieuses depuis longtemps du principe de la liberté d'examen, au nom duquel elles s'étaient élevées, ne se montraient pas moins ardentes que leurs adversaires à violenter les consciences, et les contrées où elles dominaient n'étaient pas celles où l'intolérance déployait le moins de rigueurs. En Hollande notamment les vexations auxquelles les catholiques étaient en butte ne leur laissaient que le choix entre l'abjuration ou l'abandon de leur patrie. René Waslin, négociant hollandais, professait le catholicisme ; trop attaché à la foi de ses pères pour en faire le sacrifice, il aima mieux abandonner son pays et chercher un refuge en France, où la cause même de son expatriation devait le faire accueillir avec faveur. Il vint s'établir à l'île de Ré, déterminé sans doute par la facilité qu'il y trouvait de poursuivre sa carrière commerciale, et peut-être

---

savant jurisconsulte ; mais l'auteur de cet éloge n'avait naturellement retracé que d'une manière très-sommaire des faits qui étaient généralement connus de tous ceux qui l'écoutaient.

(1) M. A. Beaussant, ancien bâtonnier de l'ordre des avocats à la Rochelle, maintenant président du tribunal de Marennes.

aussi par le besoin de s'entourer, dans son exil, des souvenirs d'une patrie qui lui était toujours chère : l'île de Ré a longtemps entretenu de nombreuses relations de commerce avec les ports de la Hollande. Le réfugié n'eut pas à se plaindre de la fortune ; des spéculations heureuses lui procurèrent en peu de temps une honorable aisance. Son fils, placé dans une position indépendante qui lui permettait de choisir une profession conforme à ses goûts, abandonna celle qui avait enrichi ses pères pour se vouer au barreau. Il plaida pendant quelques années à la Rochelle ; puis, désireux sans doute de mettre à profit la faveur toute particulière dont le gouvernement de Louis XIV environnait les réfugiés catholiques, il entra dans la magistrature, et occupa le premier la place de président du siége royal qui venait d'être établi à Rochefort. Il eut trois fils, dont l'aîné est celui qui devait transmettre à la postérité le nom de ses ancêtres, altéré successivement dans son orthographe par la prononciation française, et changé en celui de Valin (1). Ainsi, suivant l'idée ingénieuse de son biographe, l'intolérance religieuse qui fit perdre à la France tant d'hommes utiles lui donna un de ses plus grands jurisconsultes.

Les premières années de la vie de Valin sont peu connues : c'est le sort de beaucoup d'hommes illustres dont les commencements passent inaperçus, et sont déjà oubliés lorsque la renommée qu'ils acquièrent plus tard en fait rechercher les traces effacées. On sait seulement qu'après avoir fait ses études avec distinction au collége de Poitiers, et pris le grade de licencié en droit à l'université de la même ville, il prêta son serment d'avocat au présidial de la Rochelle le 11 juillet 1715 : il n'avait alors que vingt ans.

On l'a dit bien des fois, et l'on ne saurait se lasser de le redire,

---

(1) On écrivit d'abord Vaslin, c'est l'orthographe adoptée par la plupart des auteurs contemporains. Cependant le nom de *Valin* se lit sur les titres de tous ses ouvrages, même dès les premières éditions.

parce que cela est profondément vrai, les exercices universitaires ont moins pour but et surtout pour résultat de donner une connaissance complète des matières qui en sont l'objet, que d'inculquer des habitudes de travail, de fournir la méthode et les notions générales nécessaires pour l'étude approfondie des sciences dont on n'a reçu que les premiers éléments. L'instant qui marque l'achèvement des études universitaires est, pour les hommes qui ne se contentent pas de connaissances superficielles, celui où commencent des travaux plus sérieux, parce qu'ils sont le fruit d'une direction plus personnelle à celui qui s'y livre.

Valin avait trop de justesse et de pénétration dans l'esprit pour méconnaître cette vérité. Il voulut consacrer encore plusieurs années à un travail assidu avant de joindre l'application à la théorie, dans un exercice actif de sa profession. Il dut à cette détermination l'avantage inappréciable de posséder jeune encore un ample trésor de connaissances aussi solides que variées, et des principes sûrs qu'il ne devait jamais perdre de vue au milieu de la complication des affaires. Ses amis, justes appréciateurs d'un mérite qui ne pouvait encore être connu que d'eux seuls, l'engageaient vivement à se livrer à la plaidoirie ; il était doué, au dire des contemporains, de toutes les qualités nécessaires pour y obtenir d'éclatants succès. Mais, soit qu'il faille en faire honneur à une modestie excessive, soit plutôt qu'on doive l'attribuer au goût prononcé pour le travail silencieux du cabinet, qu'il devait au genre de son esprit et aux habitudes studieuses de sa jeunesse, Valin resta sourd à toutes les instances, et préféra se borner à la consultation. Ses concitoyens regrettèrent sans doute plus d'une fois de se trouver privés, pour la défense de leurs intérêts devant les tribunaux, du secours d'un homme tel que lui. Mais nous, qui n'avons plus à nous préoccuper des mêmes considérations, nous ne pouvons qu'applaudir à cette détermination, dans notre propre intérêt comme dans celui de la véritable gloire de Valin. Ses triomphes oratoires sur un théâtre modeste n'auraient eu que bien peu de retentissement ; il n'en serait rien resté après lui, que ce qui reste des succès de ce genre : quelques souvenirs dans la mémoire des hommes. Serait-ce assez pour compenser la perte du temps précieux que les luttes de l'audience l'auraient forcé de dérober à la composition de ces beaux ouvrages qui ont porté la renommée de son nom dans toute l'Europe, et où nous puisons chaque jour une science si profonde et si bien ordonnée ?

Mais si Valin ne plaida jamais, il fut loin pour cela de se tenir éloigné des affaires ; l'examen le plus superficiel de ses écrits montre, au contraire, qu'il possédait au plus haut de gréce sens pratique sans lequel les plus profondes études théoriques sont impuissantes à former un jurisconsulte vraiment digne de ce nom. Dès qu'il eut commencé à se livrer au travail de la consultation, il ne lui fut pas difficile d'y acquérir en peu de temps la plus haute réputation ; l'indication que l'on rencontre, à chaque page de ses livres, des questions nombreuses sur lesquelles il était consulté, prouve qu'il n'y avait pas dans toute la province de contestation importante par les intérêts mis en jeu, ou par les difficultés soulevées, sur laquelle on ne fût jaloux d'avoir son avis.

Valin, en conquérant ainsi l'une des positions les plus brillantes au barreau de la Rochelle, ne pouvait manquer d'obtenir sur ses confrères cette influence qui est presque toujours le partage de la supériorité intellectuelle unie à un caractère honorable. Il s'en servit dans l'intérêt de la science, et cet intérêt devait être aussi celui de sa renommée.

Pendant plusieurs années, les avocats de la Rochelle avaient eu l'habitude de se réunir alternativement chez chacun d'eux pour discuter les difficultés que présentait la coutume de la province et les questions générales du droit coutumier. Mais ces conférences, commencées en 1720, avaient été interrompues dès 1725. Elles furent reprises en 1730 sur la proposition de Valin, et l'impulsion

qu'il sut y imprimer n'ayant pas tardé à fixer l'attention, la magistrature ne voulut pas rester étrangère à ce mouvement scientifique; le présidial invita les avocats à se réunir dans la chambre du conseil au palais de justice, et la plupart de ses membres assistèrent souvent aux discussions en y prenant une part active. « Tant
» de motifs d'encouragement, dit Valin lui-même, donnèrent à
» ces conférences une activité et une consistance peu communes en
» province, et jusque-là inconnues dans cette ville. En peu
» d'années on discuta, à différentes reprises, les questions propres
» de notre coutume. On passa ensuite à l'examen des questions
» générales sur le droit coutumier, principalement sur les matières
» de la communauté, des successions, des donations, des pres-
» criptions, des fiefs, des retraits. On s'occupa ensuite pendant
» trois ans d'un projet de réformation de la coutume (1). »

De telles réunions ne pouvaient manquer de porter les fruits les plus heureux pour l'instruction de ceux qui y prenaient part. Mais elles devaient avoir un résultat plus durable et plus éclatant : l'élaboration des matériaux qui servirent à Valin pour la composition de son Commentaire sur la coutume de la Rochelle.

Quoique cette coutume, assez peu importante par elle-même, eût déjà été l'objet des travaux de deux commentateurs, Huet et Vigier, elle attendait encore un véritable commentaire; ces deux auteurs avaient laissé tout à faire à ceux qui viendraient après eux. Valin sentait vivement combien leurs ouvrages étaient loin de la perfection; l'un d'eux surtout, celui de Huet, lui avait inspiré contre ce malheureux jurisconsulte une mauvaise humeur qu'il ne peut contenir dans maintes circonstances. Il conçut la pensée de doter enfin la province d'un travail entier et exact sur sa loi particulière, et il avait déjà commencé à en réunir les éléments, lorsque la facilité que lui offrirent les conférences pour les compléter le décida à mettre sérieusement la main à l'œuvre. C'est lui-même

---

(1) Commentaire sur la coutume de la Rochelle, préface, pag. x.

qui nous initie à ces détails dans la préface de son livre. Ses paroles portent trop bien l'empreinte du sentiment de modestie vraie dont il était pénétré, pour que je puisse résister au plaisir de les reproduire ici.

« Les conférences ayant ensuite repris leur cours sur le pre-
» mier plan, l'auteur, qui en avait soigneusement recueilli les
» décisions avec les principales raisons pour et contre, crut qu'il
» pouvait, avec de tels secours, en retouchant les réflexions qu'il
» avait faites sur la coutume, tant avant que depuis l'ouverture
» des conférences, entreprendre un commentaire complet, et se
» flatter qu'il aurait son utilité (1). » Et un peu plus loin, après avoir rappelé divers essais d'ouvrages analogues au sien qui étaient restés inachevés, Valin continue : « L'auteur de ce nouveau Com-
» mentaire, bien loin de se croire en état de dédommager le public
» de toutes ces pertes, n'aurait peut-être pas osé le lui présenter,
» si ses confrères, qui lui ont été d'un si grand secours, ne l'y
» avaient excité en consentant encore d'en faire la révision avec
» lui. Cette révision a effectivement été faite dans nos conférences,
» et elle a duré près de quatre ans, de sorte qu'à l'arrangement
» près, c'est un ouvrage que les conférences ont produit (2). » Et enfin, comme si sa reconnaissance envers ceux qui lui étaient venus en aide ne se fût pas trouvée satisfaite de cette déclaration si positive, il revient encore sur le même objet dans ce passage aussi remarquable par l'expression que touchant par la noblesse des sentiments. Il vient de faire connaître ce qui lui a donné l'idée de son Commentaire, « objet, dit-il, de plus de trente-cinq ans de
» travaux, mais que l'auteur n'entend pas s'approprier pour cela.
» Il avoue, avec autant de complaisance que de sincérité, que c'est
» aux instructions qu'il a reçues de ses anciens qui ont présidé à
» ses premières études, et dont la mémoire lui sera toujours ex-

---

(1) Commentaire de la coutume de la Rochelle, préface, p. x.
(2) *Ibid.*, p. xiv.

» trêmement chère, aux conseils et aux lumières de ceux qui font
» aujourd'hui l'ornement du barreau de cette province, qu'il est
» redevable de ce qu'il y a de bon dans ces observations sur la
» coutume et sur les questions accessoires qui y sont traitées (1). »

Je me suis laissé entraîner avec trop de complaisance peut-être à ces citations, Messieurs; mais il m'a semblé qu'elles étaient éminemment propres à vous dévoiler la belle âme de Valin. Toutefois gardons-nous de conclure comme lui, en écartant toute idée d'un mérite qui lui soit personnel dans la composition de son ouvrage. Valin, qui fait la part de tout le monde, oublie de faire la sienne : il ne nous est pas permis d'accepter cette complète abnégation, et de lui conserver ce rôle de compilateur auquel il veut bien se rabaisser. Les travaux du jurisconsulte, comme tous les travaux scientifiques en général, appellent nécessairement des secours étrangers. S'il est donné à l'esprit de l'homme d'acquérir quelque étendue et quelque puissance, ce n'est qu'à la condition de résumer en lui les résultats obtenus par les efforts individuels de tous les esprits : quand il se les est appropriés, il s'en sert comme d'un point d'appui pour ses propres investigations. La facilité avec laquelle s'opère cette assimilation intellectuelle, si je puis parler ainsi, est peut-être un des principaux caractères des intelligences supérieures, ou plutôt c'est elle qui fait les intelligences supérieures. Le jurisconsulte est soumis plus que tout autre à cette loi commune. Les principes du droit ne sont pas des abstractions; ils n'existent que comme la règle de rapports réels ou du moins possibles entre les hommes ; ils ne sont que l'expression de ces rapports. C'est donc en considérant attentivement les relations que les intérêts de tel ou tel ordre sont susceptibles d'avoir entre eux, que l'on parvient à trouver la formule particulière sous laquelle l'idée générale et nécessaire du juste doit leur être appli-

---

(1) Commentaire sur la coutume de la Rochelle, préface, p. IX.

quée, à dégager le principe de droit qui doit les dominer. Or est-il possible à une intelligence isolée, quelque force qu'on lui suppose, de prévoir instinctivement la diversité innombrable de ces rapports d'intérêts que fait éclore l'infinie variété des affaires humaines ? Comment s'en former une juste idée sans la connaissance des réalités de la vie sociale ? C'est là, Messieurs, le secret de la supériorité immense des jurisconsultes pratiques sur ceux qui croient pouvoir se représenter par la seule puissance de l'imagination les faits si variés et surtout si imprévus que les autres voient, sans effort, se dérouler sous leurs yeux dans les scènes de la vie réelle. Valin, qui avait déjà par lui-même l'avantage d'une longue initiation aux affaires, eut le bonheur de réunir à son expérience individuelle celle de tous les membres du barreau dont il faisait partie ; il lui fut donné, grâce à eux, de s'enrichir des inappréciables fruits du principe de l'association appliqué aux travaux scientifiques, et il a raison de leur en garder une profonde reconnaissance. Mais, si la tâche qu'il s'était imposée se trouvait ainsi rendue moins pénible, combien n'avait-il pas encore à faire pour la remplir dignement ! Nul ne s'avise de contester le mérite de l'architecte, parce qu'il a pu se procurer sans peine des matériaux abondants : ce mérite de l'architecte fut celui de Valin. Il fallait faire un choix dans cette immense quantité de documents qu'il avait réunis ; il fallait qu'un esprit de critique judicieux et éclairé soumît à une appréciation intelligente cette multitude de décisions souvent contradictoires, pour en tirer des principes généraux. Pour ce dernier travail, Valin dut être lui-même, et ne prendre conseil que de sa propre raison, qui était certainement le guide le plus sûr qu'il pût choisir. C'est par là qu'il imprima un cachet individuel à un ouvrage dont les éléments ne lui appartenaient qu'en partie. A chaque page, il cite des solutions données dans les conférences, ou des décisions rendues dans des espèces sur lesquelles il avait été consulté ; mais c'est toujours

après s'être assuré qu'elles étaient conformes aux principes, et souvent pour les combattre avec cette fermeté que donne une conviction raisonnée. Ce caractère d'indépendance est si saillant dans le livre de Valin, que ce fut lui qui frappa tout d'abord lors de son apparition; on le voit dans ce passage d'un article sur le Commentaire de la coutume de la Rochelle, qui parut dans un journal du temps : « L'auteur, y est-il dit, ne paraîtra pas être du nombre
» de ceux qui ne savent écrire et penser que d'après les autres,
» sans s'écarter des routes battues, ni se jeter dans les opinions
» singulières; ce n'est point par l'autorité qu'il se détermine,
» mais par la raison et par ses propres réflexions. Dans les ques-
» tions difficiles et intéressantes, il discute les raisons des diffé-
» rents partis qui ont été suivis ou qu'on peut embrasser, et du
» milieu des raisons de douter sagement balancées sort une déci-
» sion qui décèle un esprit juste, qui sait frapper au but sans se
» laisser détourner par les obstacles (1). »

On se ferait une très-fausse idée de la nature de l'ouvrage de Valin, si, sur la foi de son titre de Commentaire, on ne s'attendait à y trouver que l'application de la méthode exégétique au texte de la coutume. Chacun sait combien les coutumes, même les plus étendues, sont incomplètes; elles se bornent à poser des principes généraux sur chaque matière, et il est même des objets importants qu'elles passent entièrement sous silence, imposant ainsi la nécessité de recourir à une source étrangère. Les auteurs qui entreprenaient d'expliquer le droit suivi dans leur province ne pouvaient donc pas se borner à l'interprétation pure et simple d'un texte qui souvent ne formait que la plus faible partie de ce droit; ils devaient y joindre l'exposition des règles destinées à le compléter, et dont l'application n'était pas moins journalière, tellement que les articles de la coutume n'étaient plus en quelque sorte qu'un pré-

---

(1) M. Bonnamy, Journal de Verdun, juillet 1756, p. 13 et suiv.

texte pour une suite de traités complets sur les différents objets qu'ils réglaient et même sur ceux qu'ils ne réglaient pas. Tout cela répondait assez peu au titre de Commentaire, qui était habituellement celui du livre ; mais nul ne songeait à s'en plaindre ; car c'est pour avoir été ainsi infidèles à leur titre que les Dumoulin, les d'Argentré et tant d'autres ont élevé les plus beaux monuments de notre ancienne jurisprudence. L'ouvrage de Valin se place dans cette catégorie. La coutume de la Rochelle était la plus courte de toutes les coutumes ; elle ne contenait que 68 articles. Plus que toute autre, elle supposait l'existence d'un droit subsidiaire, sur le choix duquel on n'était même pas d'accord, les uns voulant, sur l'autorité d'une note de Dumoulin, qu'on eût recours à la coutume de Poitou, et les autres proposant le droit romain ; tandis que le plus grand nombre suivaient la coutume de Paris, comme expression du droit commun coutumier. Valin, qui discute la question d'une manière approfondie dans sa préface, se range à ce dernier parti. C'est après avoir ainsi fixé les idées sur la nature des sources où l'on devait puiser le droit de la province, qu'il passe à l'exposition des principes de ce droit. J'ai déjà indiqué, en empruntant le témoignage d'un contemporain, de quelle manière il avait rempli cette tâche ; mais l'écrivain que j'ai cité n'a pas épuisé l'énumération des qualités éminentes qui distinguent l'œuvre de Valin. Ce qui contribue par-dessus tout à en faire un livre aussi remarquable, c'est l'harmonie parfaite avec laquelle s'y trouvent réunis et conciliés les deux mérites essentiels que l'on recherche dans les ouvrages sur le droit : la théorie et l'application. Valin était fort instruit des origines de notre droit ; les investigations historiques avaient pour lui un attrait particulier, et il ne laisse échapper aucune occasion d'éclaircir le texte de la coutume par l'exposé des anciennes institutions auxquelles il se rattache. Mais, au milieu de ces dissertations qui portent toujours l'empreinte d'un jugement sûr, attentif à écarter toute conjecture hasardée, et à se mettre en garde contre le désir de faire étalage d'un vain luxe d'érudition, Valin ne perd jamais de vue le but principal de son travail ; il n'oublie pas qu'il écrit pour faciliter l'application d'une loi en vigueur, et que son livre sera principalement consulté par des hommes pratiques : c'est là l'objet de sa préoccupation constante, et l'on ne saurait trop admirer l'art avec lequel il sait résumer toute sa science en notions immédiatement applicables.

L'ouvrage de Valin ne tarda pas à être apprécié comme il le méritait. Il ne pouvait manquer d'obtenir un succès aussi éclatant que rapide dans la province pour laquelle il était un véritable bienfait. Mais, je l'ai déjà dit, Messieurs, Valin ne s'était pas borné à commenter le texte de la coutume, il avait embrassé dans son travail la discussion des questions générales du droit coutumier ; et, sous ce rapport, l'utilité de son livre n'était pas renfermée dans les limites étroites du territoire de la coutume ; sa réputation ne tarda pas non plus à les franchir. Le Commentaire de la coutume de la Rochelle et du pays d'Aunis parut en 1756. Dès 1768, une nouvelle édition en était donnée à Paris par les soins d'un avocat au parlement, qui ne craignait pas de le présenter comme le livre le plus complet dont on pût faire usage dans le vaste ressort du parlement de la capitale ; et cet éloge, qui pouvait paraître suspect dans la bouche d'un éditeur, n'avait rien d'exagéré.

Aujourd'hui encore, malgré les changements immenses qui ont été apportés à notre législation, le Commentaire de la coutume de la Rochelle peut être consulté avec beaucoup de fruit. Il est surtout précieux pour ces questions assez nombreuses qui s'agitaient déjà sous l'empire de l'ancien droit, et que nos lois nouvelles ont omis de trancher. Valin résume avec la plus scrupuleuse exactitude et une lucidité parfaite les opinions des auteurs les plus recommandables sur chacune de ces questions, en soumettant à un examen critique les arguments produits de part et d'autre. On assiste ainsi, dans son livre, à la naissance des doctrines diverses, on en suit le développement; on voit quelques-unes de celles qui sont aujourd'hui passées au rang des idées vulgairement admises, se montrer d'abord avec timidité, confusément entrevues par ceux-là mêmes qui les proposaient, et se formuler ensuite peu à peu dans des termes plus précis. En un mot, ce livre peut tenir lieu d'une histoire interne du droit français sur les points controversés; et, considéré sous ce point de vue, il conserve encore la plus grande utilité, même pratique, pour certaines matières, celle de la communauté par exemple, sur lesquelles le code civil a suivi les principes du droit coutumier.

Du reste, en dépit de ces raisons qui en recommanderaient encore l'étude, le Commentaire de la coutume de la Rochelle n'a pu échapper entièrement au sort commun des vieux livres, que l'on respecte sur parole, mais en se gardant bien de les ouvrir. On le lit peu aujourd'hui, si ce n'est dans le pays de son auteur, où il est toujours consulté.

Il n'en est pas de même d'un autre ouvrage auquel Valin a également attaché son nom, et qui, après l'avoir popularisé dans tout le monde commerçant, conserve encore aujourd'hui une autorité que le temps ni les révolutions n'ont pu lui enlever. Chacun de vous, Messieurs, a déjà nommé le Commentaire de l'ordonnance de la marine de 1681.

L'idée de cet ouvrage fut encore suggérée à Valin par les circonstances au milieu desquelles il se trouva placé, et cette remarque n'est peut-être pas à dédaigner. Valin ne se fit point auteur par métier; il n'obéit pas à un vain désir de se voir imprimé; il n'écrivit sur un sujet qu'après se l'être rendu familier par d'immenses travaux, et pour ne pas laisser perdre le résultat de ces travaux. Le secret de la perfection de ses ouvrages est là en partie.

Au temps où il vivait, le commerce maritime de la Rochelle avait acquis un degré d'importance qui mettait cette ville au rang des places les plus considérables du royaume. L'amirauté, dont elle était le siége, avait sans cesse à juger des contestations aussi multipliées qu'intéressantes. Valin acheta la charge d'avocat et procureur du roi près ce tribunal, et il entra en fonctions le 2 mars 1756. Cette nouvelle position le mit dans la nécessité de se livrer à une étude approfondie des lois maritimes, avec lesquelles, d'ailleurs, il ne devait pas laisser que d'être déjà familier; car il n'était pas moins consulté sur les affaires commerciales que sur les affaires civiles. Les difficultés dont cette étude était alors hérissée ne devaient donc pas être nouvelles pour lui, et plus d'une fois sans doute il s'était dit qu'un grand travail était encore à faire pour rendre accessible à tous la connaissance du droit maritime. Les facilités qu'il trouvait dans les fonctions dont il venait d'être investi lui firent concevoir la pensée de l'entreprendre.

Le commerce maritime n'avait eu pendant longtemps d'autres règles que celles qui résultaient des usages des principaux peuples commerçants du moyen-âge, dont l'ensemble avait formé une sorte de droit commun pour toutes les contrées maritimes de l'Europe. Ces usages avaient même été pour la plupart consignés par écrit; mais les monuments qui les renfermaient, devenus presque inintelligibles pour le grand nombre, ne pouvaient plus être consultés que par quelques savants; et il est vrai de dire que les relations du commerce maritime étaient presque entièrement placées sous l'empire de la coutume, lorsque le gouvernement de Louis XIV, poursuivant activement sa grande pensée d'asseoir sur des bases solides la puissance commerciale de la France qu'il venait de faire éclore, s'occupa de lui donner une bonne législation, auxiliaire si essentiel à la prospérité du commerce. Alors parut l'ordonnance de la marine du mois d'août 1681, ce chef-d'œuvre de la législation française, qui seul peut-être a partagé, avec les textes du droit romain, l'honneur de s'imposer à tous les peuples par le seul empire de la raison. Il n'y a nulle exagération dans ces paroles par lesquelles Valin rend compte des sentiments qui éclatèrent à l'apparition de

cette ordonnance : « L'admiration, dit-il, fut universelle à la vue
» d'une ordonnance si belle dans sa distribution économique, si
» sage dans sa police générale et particulière, si exacte dans ses
» décisions, si savante enfin, que, dans la partie du droit, elle
» présente autant de traités abrégés de jurisprudence qu'il y a de
» sujets qui en sont l'objet. Disons tout : elle est telle, que les na-
» tions les plus jalouses de notre gloire, déposant leurs préjugés,
» leurs haines même, l'ont adoptée comme un monument éternel
» de sagesse et d'intelligence (1). »

Mais, depuis que le génie organisateur de Colbert avait doté le commerce maritime de ce bienfait, le progrès du temps, et plus encore peut-être l'imprévoyance des hommes, avaient déjà détruit en partie les fruits de cet immense travail de codification, dont l'ordonnance était un si magnifique résultat. Quelques besoins nouveaux s'étaient produits auxquels il avait fallu pourvoir, et, sous ce prétexte, l'esprit exagéré d'innovation et le défaut de suite dans les traditions administratives avaient tellement multiplié les édits, les déclarations, les arrêts du conseil, les règlements, les mémoires, les lettres ministérielles, destinés à expliquer, à modifier ou à régler l'exécution des articles de l'ordonnance, que ces articles eux-mêmes, isolés de ce volumineux complément, ne présentaient plus le véritable état de la législation. Mais les actes dont je viens de parler, enfouis dans les greffes des amirautés, ne pouvaient pas toujours être facilement consultés ; et d'ailleurs leur multitude et leur incohérence n'en rendaient la connaissance possible qu'au prix d'un travail long et pénible, auquel bien peu de personnes pouvaient se livrer. C'était donc rendre un service signalé au monde commerçant que de porter la lumière dans ce chaos. Aucun auteur ne l'avait encore entrepris ; car on ne peut pas tenir compte d'un livre publié en 1714

---

(1) Commentaire de l'ordonnance de la marine ; préface, p. III.

sous le titre de *Notes sur l'ordonnance*, ouvrage composé de remarques extrêmement sommaires sur chaque article, et rempli des plus grossières erreurs. Valin, qui, ainsi qu'il le dit lui-même, n'avait jamais pu y trouver la solution des difficultés qui l'arrêtaient, sentit qu'il ne lui serait pas difficile de mieux faire. Il se mit à l'œuvre sans se former encore, s'il faut l'en croire, une juste idée des difficultés de son entreprise ; et lorsqu'elles lui apparurent dans toute leur étendue, il eut le courage de persister.

Les travaux préparatoires seuls étaient immenses. Valin avait à sa disposition, au greffe de l'amirauté, la plupart des actes officiels qu'il fallait classer; mais ce vaste dépôt était encore incomplet : il lui fallut se livrer à de longues recherches dans les bibliothèques ; celle de l'amiral lui fournit surtout des secours précieux. Enfin, comprenant que ses recherches personnelles seraient impuissantes à tout embrasser, il se mit en relation avec les principaux jurisconsultes des différentes cours d'amirauté du royaume, les conviant à lui communiquer les documents particuliers qui pouvaient être à leur disposition. Cet appel ne fut peut-être pas entendu partout comme il aurait dû l'être; mais si Valin, comme il paraît l'insinuer quelque part, eut parfois à se plaindre de l'indifférence de ses collègues, il dut trouver un ample dédommagement dans la noble générosité avec laquelle le plus illustre d'entre eux vint à son aide, et qui fut le commencement d'une amitié bien précieuse pour lui. Le trait auquel je fais allusion est généralement connu ; il a rendu inséparables les deux plus beaux noms de la jurisprudence maritime, ceux d'Emérigon et de Valin. Les relations qui s'établirent, à cette occasion, entre ces deux hommes si dignes l'un de l'autre, ont fourni récemment la matière de quelques pages empreintes du plus vif intérêt dans une remarquable notice sur Emérigon, due à la plume élégante de M. Cresp, professeur à la faculté de droit d'Aix (1).

Emérigon avait recueilli de nombreux documents sur le droit maritime. Son projet était de les employer à la composition d'un commentaire sur l'ordonnance de la marine. Il les avait même déjà classés titre par titre, prêts à recevoir la dernière main, lorsqu'il apprit, probablement par Valin lui-même, le dessein qu'avait celui-ci de commenter l'ordonnance. Si Emérigon n'eût eu à lui offrir que ces notes isolées que tout le monde possède au bout de quelques années d'une étude intelligente et d'une pratique raisonnée, en les mettant à la disposition de Valin pour répondre à l'appel de celui-ci, il n'aurait fait que remplir un devoir imposé par les relations de confraternité; mais il avait rassemblé des matériaux considérables, formant les éléments d'un travail qu'il avait même, dit-on, ébauché par un classement méthodique. Sacrifier, comme il le fit, le fruit de ses veilles, l'abandonner à un rival dont il devait servir à augmenter la gloire, c'était le fait d'une générosité dont bien peu d'hommes auraient été capables. Emérigon porta la sienne jusque-là, et il y joignit le mérite de considérer une telle action comme toute naturelle. Valin, on doit le croire, en jugea autrement : profondément touché d'un procédé si noble et si délicat, il y répondit par la vive expression des sentiments d'admiration et de reconnaissance dont il était pénétré pour son auteur, avec un refus formel de s'approprier ainsi le résultat du travail d'autrui. Mais Emérigon ne tint pas compte de ce refus; il persista dans son offre, et il y mit tant d'insistance, que Valin, forcé de se reconnaître vaincu dans cette lutte de générosité, se décida à accepter.

(1) Cette notice, lue à la séance solennelle de rentrée de la faculté de droit d'Aix, le 19 novembre 1839, se trouve dans la Revue de législation et de jurisprudence de Wolowsky, t. 11, p. 32.

Emérigon, du reste, n'obligeait pas un ingrat : si sa générosité était grande, elle s'exerçait à l'égard d'un homme digne de la comprendre et d'y répondre. Permettez-moi, Messieurs, de rapporter les nobles paroles dans lesquelles Valin, avec cette éloquence simple et vraie qui vient du cœur, exprime sa reconnaissance : « On con-
» çoit, dit-il, que j'ai dû balancer longtemps à accepter des offres
» de cette nature ; je ne m'y suis enfin déterminé que parce qu'il
» a eu le secret de me persuader que ce n'était que pour son usage
» particulier qu'il avait fait cette riche collection. Il m'en a donc
» fait passer une copie, dont j'ai fait un tel usage, que presque tout
» ce que l'on trouvera de bon dans ce Commentaire, quant à la
» partie de la jurisprudence, est, en quelque sorte, autant son
» ouvrage que le mien. — Je lui devais ce témoignage public de
» ma reconnaissance, après la lui avoir tant de fois marquée en par-
» ticulier, toujours avec un nouveau regret de ne pouvoir répondre
» par mes expressions à la vivacité des sentiments que m'a inspirés
» pour jamais un bienfait aussi noble et aussi gratuit (1). »

Vous le voyez, Messieurs, autant Émérigon avait montré de générosité en venant aider Valin du produit de ses recherches, autant celui-ci en mit de son côté à l'associer à sa gloire. Assurément ce serait bien mal honorer la mémoire de Valin que de venir aujourd'hui déprécier la belle action de son illustre ami, et de se montrer injuste envers celui-ci pour rehausser son propre mérite ; un éloge fondé sur de tels procédés serait trop indigne de lui. Mais il y aurait de l'injustice aussi à ne pas dire qu'en admettant même que dans l'effusion de ses sentiments de reconnaissance il ne se soit laissé entraîner à aucune exagération, la part qui lui reste dans la composition de son ouvrage est encore assez belle pour légitimer amplement la renommée qu'il lui a conquise. Ici encore il faut défendre Valin contre sa propre modestie, et lui

(1) Commentaire sur l'ordonnance de la marine ; préface, p. IX.

conserver une gloire dont il se montre disposé à faire si bon marché.

Vous venez de l'entendre, Messieurs, Valin n'hésite pas à rapporter à la participation d'Émérigon les qualités qui peuvent recommander son travail quant à la partie de la jurisprudence. Mais le Commentaire de l'ordonnance de la marine n'est pas seulement un ouvrage de jurisprudence, dans le sens propre du mot. Indépendamment d'une législation complète sur les contrats maritimes, l'ordonnance de 1684 renferme un admirable ensemble de règles de police et d'administration, embrassant dans sa prévoyance les intérêts les plus divers de la navigation commerciale. Le travail de Valin sur cette classe de dispositions lui appartient tout entier, et seul il suffirait à sa gloire ; c'est à lui que son nom a dû le privilége de franchir le cercle borné dans lequel la renommée des plus savants jurisconsultes reste souvent renfermée, et de devenir familier aux commerçants, aux administrateurs, à tous ceux en un mot qui s'occupent de navigation et de commerce.

Le Commentaire de l'ordonnance de la marine peut être cité comme un modèle digne d'être proposé à l'imitation de ceux qui entreprennent de commenter un monument législatif. Rien d'aussi parfait que le cadre tracé par Valin, si ce n'est la manière dont il a su le remplir.

La préface seule est déjà un morceau remarquable qui annonce dignement l'ouvrage. Elle renferme une énumération rapide mais savante des anciens monuments du droit maritime, qui fournit à Valin l'occasion de faire preuve de connaissances historiques solides unies à une exquise sagacité.

Ensuite, sous la forme de commentaire du préambule de l'ordonnance, vient l'histoire abrégée de la naissance et des progrès de la puissance maritime de la France, ainsi que de la création successive de ses établissements coloniaux. On y remarque surtout les détails les plus curieux sur la formation des diverses compagnies créées à partir du règne de Henri IV pour favoriser le développement du commerce maritime. Valin ne se borne pas à un exposé aride des faits et des documents, il entremêle son récit de considérations et de courtes digressions sur tous les points d'économie politique qui s'y rattachent. Ces digressions pourraient peut-être donner matière à quelques critiques sous le rapport littéraire, comme déplacées dans une exposition rapide dont elles ralentissent la marche, si la forme même du commentaire n'autorisait pas un certain désordre ; mais elles sont toutes très-remarquables par les idées judicieuses dont elles sont remplies, et aussi par un caractère d'actualité qui surprend quand on pense qu'il y a près d'un siècle que l'auteur écrivait. On y retrouve plusieurs des questions qui, de nos jours encore, préoccupent le plus vivement nos économistes : le véritable degré d'importance du commerce maritime et de toutes les institutions qui tendent à en assurer le développement, l'utilité des colonies, et la nécessité de les soumettre au régime du monopole dans leurs rapports avec la mère-patrie.

Dans le commentaire des articles de l'ordonnance qui commence après cette introduction, Valin suit une marche dont il ne s'écarte jamais. L'ordonnance est divisée en titres. Au commencement de chaque titre, il donne une vue d'ensemble de la matière qui s'y trouve traitée, avec l'histoire des changements survenus dans la législation depuis les temps les plus reculés ; ensuite vient le commentaire de chaque article, dont l'auteur explore soigneusement les origines et explique clairement le sens avant de passer à la discussion des questions qu'il est susceptible de faire naître. Cette discussion est suivie de l'indication des actes postérieurs qui expliquent ou modifient les dispositions de l'ordonnance.

Je ne m'arrêterai pas, Messieurs, à faire ressortir les qualités éminentes qui brillent dans ce travail. Toutes celles que j'ai déjà signalées, à l'occasion du Commentaire de la coutume de la Rochelle, se retrouvent dans celui de l'ordonnance de la marine, développées encore par une plus longue expérience. Mais dans le premier travail Valin ne nous était apparu que comme jurisconsulte; ici, il faut lui reconnaître un titre de plus à notre admiration : en commentant l'ordonnance de 1681, il a su montrer que si personne n'était plus capable que lui d'interpréter la loi existante, il aurait été digne aussi de concourir à l'œuvre du législateur. Il est bien peu de dispositions importantes qui ne soient soumises par lui à une appréciation critique destinée à signaler ce qu'elles peuvent présenter de défectueux ; et dans cette appréciation on reconnaît toujours la profonde expérience de l'homme pratique unie à une noble sincérité aussi éloignée de l'esprit de dénigrement que de celui de vaine flatterie.

Le mérite du style n'a pas été celui de tous les jurisconsultes ; il n'est pas rare de voir leurs biographes garder à cet égard un silence prudent. On n'est pas obligé aux mêmes ménagements en ce qui concerne Valin. Ici encore, Messieurs, je crois pouvoir le louer sans cesser d'être vrai. Le Commentaire de l'ordonnance de la marine est, sous le rapport de la forme, un des ouvrages les plus remarquables de notre littérature juridique. Valin peut justement prétendre à la gloire de l'écrivain ; son style porte un cachet d'originalité qui le fait reconnaître sans peine ; il se distingue surtout par un caractère de fermeté et de décision qu'il doit à la netteté des pensées et à leur enchaînement toujours si logique. Du reste, je ne puis donner ici qu'une idée générale, car la manière de Valin est très-différente selon les matières qu'il traite, et cette variété est elle-même un grand mérite. Son style s'élève avec le sujet et devient alors noble et imposant, tandis que dans les petits détails il est d'une simplicité parfois naïve qui rappelle celui de Pothier.

Valin avait fait marcher de front la rédaction du Commentaire de l'ordonnance avec le travail auquel il se livrait sur la coutume

de la Rochelle. Il n'y avait que quatre ans qu'il avait publié ce dernier, lorsque parut la première édition de l'autre, en 1760. Il y travaillait depuis plus de quarante ans. C'est lui-même qui nous l'apprend dans ces lignes remarquables qui terminent sa préface :
« Que dirai-je de plus? Loin de solliciter l'indulgence des lecteurs
» éclairés auxquels seuls je m'adresse ici, je souhaite sincèrement
» que mes fautes et mes erreurs excitent assez leur zèle pour se
» charger du soin de les faire remarquer par des critiques judi-
» cieuses et raisonnées. Je pardonne même d'avance à ceux qui
» pourraient y mettre de l'humeur. Comme je n'ai eu que le bien
» public en vue, lui refuser le sacrifice de mon amour-propre, ce
» serait regretter celui que je lui ai fait, depuis plus de quarante
» ans, de mes travaux et de mes veilles (1). »

Valin ne réclamait même pas l'indulgence ; ce fut la gloire qui vint le chercher, et une gloire universelle que bien peu de jurisconsultes partagent avec lui. Dans tous les pays où l'ordonnance de la marine avait été accueillie comme expression de la raison écrite, le Commentaire en devint désormais le complément indispensable. Il n'est peut-être même pas téméraire de supposer que le mérite du Commentaire ne fut pas sans influence sur la propagation de l'ordonnance elle-même, et que l'autorité dont elle n'a cessé de jouir chez tous les peuples maritimes peut être attribuée en partie aux explications si claires et si savantes qui achevaient d'en faire le corps le plus complet des principes du droit maritime.

Quoi qu'il en soit, le Commentaire de Valin, accueilli avec tant de faveur à son apparition, a résisté à l'épreuve du temps, si funeste à plus d'un livre. Il est toujours resté l'œuvre capitale sur le droit maritime. Les auteurs qui depuis ont traité le même sujet, tant en France qu'à l'étranger, n'ont fait qu'en développer les doctrines ou les reproduire en des termes plus nouveaux. On ne

---

(1) Préface, p. xix.

saurait ouvrir un seul des nombreux ouvrages publiés sur cette matière en Angleterre, aux Etats-Unis, sans y trouver le travail de Valin cité à chaque page. Aujourd'hui encore, tous les jurisconsultes étrangers l'étudient et le consultent comme leur guide le plus précieux. Enfin, pour comble d'honneur, les tribunaux eux-mêmes ne dédaignent pas d'appuyer leurs décisions de son autorité. Il y a très-peu d'années, qu'à l'occasion d'un procès qui avait pris naissance dans la ville natale de Valin, il intervint un jugement de la cour d'amirauté de Londres dans les motifs duquel se trouve rapporté tout au long un passage de son livre. Le plaideur français perdit sa cause; mais si les satisfactions d'amour-propre peuvent rendre moins sensibles les pertes d'argent, il put au moins se trouver flatté, dans son orgueil national, de voir que les juges étrangers qui le condamnaient ne croyaient pouvoir mieux faire que d'emprunter des armes contre lui à son illustre compatriote.

Déjà si puissante à l'étranger, l'influence du Commentaire de l'ordonnance de la marine devait l'être bien plus encore en France, où elle s'appuyait sur l'autorité d'une loi. Les éditions se succédèrent avec rapidité (1). Mais cette influence n'était cependant pas attachée aux textes sur lesquels Valin s'était exercé; le pouvoir qui avait donné à ces textes leur force obligatoire, pouvait la leur enlever sans que le Commentaire perdît avec eux son autorité. L'événement n'a pas tardé à le prouver. L'ordonnance de la marine a cessé d'être en vigueur, au moins dans ses parties les plus im-

---

(1) A la première édition, qui porte la date de 1760, et qui fut seule publiée du vivant de l'auteur, en ont succédé trois autres également imprimées à la Rochelle en 1766, 1770 et 1776. En 1829, M. V. Bécane, professeur de droit commercial à la faculté de droit de Poitiers, a donné une nouvelle édition réduite aux parties qui présentent encore un intérêt pratique, et il y a joint des notes destinées à mettre le travail de Valin en rapport avec le code de commerce. Cette excellente édition a eu deux tirages, in-4º et in-8º.

portantes, et l'ouvrage de son commentateur n'en est pas moins resté comme la source la plus pure de notre droit maritime.

Tout le monde sait que les dispositions du code de commerce sur le droit maritime ont été calquées entièrement sur celles de l'ordonnance de 1681. Ces dernières ont reçu cependant quelques modifications dont l'expérience avait fait sentir la nécessité ; on a résolu quelques questions qui étaient restées indécises, et dans ces modifications, dans ces additions, c'est presque toujours aux observations critiques de Valin qu'on a eu égard, ce sont presque toujours ses opinions qui ont été consacrées. Aussi, après avoir exercé cette influence décisive sur la rédaction du code de commerce, l'ouvrage de Valin est resté le développement naturel des dispositions de ce code, comme les Traités de Pothier sont le meilleur commentaire des titres du code civil qui en ont été extraits.

Je viens, Messieurs, de montrer l'ouvrage de Valin servant de guide au législateur dans ses travaux. On croirait ne pouvoir rien imaginer de plus flatteur qu'un pareil hommage. Il paraît qu'un gouvernement étranger aurait fait plus encore. S'il faut en croire des renseignements que je regrette de ne pouvoir ici indiquer d'une manière plus précise, son Commentaire aurait été récemment investi, en Russie, de l'autorité législative.

Nous avons oublié Valin en parlant de son ouvrage ; c'est qu'en effet il n'existait déjà plus lorsque son nom conquérait, jusque chez les nations étrangères, cette popularité dont je viens de vous entretenir. Le Commentaire sur l'ordonnance ne parut que cinq ans avant sa mort, et s'il put en pressentir le succès, il eut au moins bien peu le temps d'en jouir. Le bonheur qu'il dut en ressentir fut même troublé par quelques-unes de ces tracasseries mesquines que les médiocrités jalouses n'épargnent guère aux hommes supérieurs, heureux encore quand ceux-ci peuvent à ce prix demeurer paisibles possesseurs de la gloire qu'ils se sont acquise.

J'ai déjà eu occasion de parler de l'indépendance de Valin dans ses opinions juridiques ; les décisions judiciaires n'avaient d'autre autorité à ses yeux que celle qu'elles puisaient dans leur conformité avec les principes du droit, et la conscience bien naturelle qu'il avait de sa force, la rectitude parfaite de son jugement ne lui permettaient pas de tolérer les erreurs, quelque part qu'il les découvrît. Dans son Commentaire il avait critiqué assez vivement certains arrêts de la Table de marbre ou siége général de l'amirauté de Paris, auquel ressortissait l'amirauté de la Rochelle ; il disait de ces décisions qu'elles étaient *insoutenables* (1). Les magistrats dont les jugements étaient atteints par cette qualification peu flatteuse s'en émurent, et au lieu de se taire prudemment en faisant leur profit des observations de Valin pour mieux juger à l'avenir, ils lui adressèrent une réprimande. Cet incident curieux, inconnu pendant longtemps, a été révélé par la publication d'une lettre de Valin à Emérigon, dans la notice de M. Cresp. Valin s'exprime ainsi dans cette lettre qui est du 27 décembre 1764 : « Je » ne sais, Monsieur, si vous êtes informé que mon Commentaire » sur l'ordonnance m'a fait une affaire sérieuse à l'amirauté de » Paris, qui a jugé à propos de m'enjoindre *d'être plus circonspect* » *à l'avenir, et de porter honneur et respect à mes supérieurs.* Il » est vrai que j'ai parlé assez librement de plusieurs de leurs » sentences qu'ils ont voulu faire passer pour des règlements ; mais » pourquoi jugent-ils si mal ?... Nous verrons ce qui en arrivera, » car je suis résolu de me pourvoir contre cette injonction flétris- » sante dès que la sentence me sera signifiée. » Il est probable, ajoute M. Cresp, que Valin ne fut point mis dans le cas de se pourvoir, et que, mieux avisé, on n'eut garde de se commettre avec *un inférieur* tel que lui.

Du reste, des suffrages flatteurs dédommagèrent Valin de ce

(1) Tome 2, p. 20, 60 et suiv.

petit désagrément. Le duc de Penthièvre, amiral de France, à qui le Commentaire était dédié, lui envoya son portrait dans une boîte d'or ; et ce qui, j'en suis sûr, flatta plus vivement Valin, il lui montra qu'il savait apprécier le mérite et l'utilité de ses travaux, en l'engageant à publier séparément la partie de son grand ouvrage relative aux prises, sous la forme d'un traité méthodique qui permît de saisir plus facilement l'enchaînement des principes de cette matière épineuse. Le Traité des Prises, entrepris sur la manifestation de ce désir, parut en 1763, en 2 volumes in-8°.

La publication de ce livre ferma pour Valin la carrière du jurisconsulte, et personne ne sera tenté de dire qu'elle n'avait pas été bien remplie.

Cependant, au milieu de ses travaux multipliés, Valin avait su encore trouver des loisirs ; il les avait consacrés à de nobles délassements, propres comme ses travaux mêmes à favoriser le développement de son intelligence. Une réunion littéraire existant depuis longtemps à la Rochelle avait été érigée en Académie royale de belles-lettres, par lettres patentes du mois d'avril 1752. Le nom de Valin figure parmi les premiers académiciens titulaires nommés lors de la fondation, et depuis cette époque jusqu'à l'année 1764, où ses infirmités le forcèrent à donner sa démission, il ne cessa pas de prendre une part active aux travaux de l'Académie. Il en fut le secrétaire jusqu'en 1763. Quelques-unes des pièces lues par lui dans les séances publiques ont été imprimées. Sans offrir rien de très-saillant, elles sont pourtant beaucoup moins vides d'idées que tant de morceaux du même genre, et le bon goût de l'auteur l'a préservé constamment des exagérations et de l'enflure du style académique (1).

(1) Quelques-unes de ces pièces ont été imprimées, soit dans le Mercure de France, soit dans un recueil en trois volumes intitulé : *Recueil de pièces en prose et en vers lues dans les séances publiques de l'Académie royale des*

Jusqu'ici, Messieurs, je vous ai plutôt parlé des écrits de Valin que de Valin lui-même. C'est qu'en effet exposer ses travaux, c'est raconter sa vie. Mais gardez-vous de croire que ce soient là ses seuls titres à l'estime de la postérité. Si le jurisconsulte, si l'écrivain sont l'objet d'une juste admiration, l'homme peut aussi s'offrir sans crainte au jugement des gens de bien.

Valin s'est peint tout entier dans ses ouvrages, il se met en scène à son insu, il vit sous les yeux de ses lecteurs. Les sentiments qui l'agitent sont si vifs et si sincères, ses convictions sont si puissantes et si fermes, qu'on voit qu'il lui est impossible de ne pas les exprimer toutes les fois que le sujet en fournit l'occasion.

Ceci est surtout frappant pour ses sentiments religieux. La persécution religieuse s'était exercée envers sa famille, et la persécution, on l'a répété bien des fois, loin d'affaiblir les croyances,

belles-lettres de la Rochelle. J'emprunte à ce dernier ouvrage la liste des productions de Valin. On remarquera les titres assez piquants de quelques-unes.

Pièces en vers : Ode sur la naissance du comte de la Marche ; — le Triomphe des beaux-arts, dialogue ; — Critique du temple du Goût ; — Épître contre les mauvaises critiques ; — Épître en vers marotiques sur le danger qu'il y a de produire ses écrits ; — Ode sur la naissance du prince de Conti.

En prose : Discours dans lequel l'auteur examine les causes qui rendent les bonnes critiques si rares ; — Discours sur l'usage qui permet de dire du bien de son cœur, et qui défend d'en dire de son esprit ; — Discours sur ce que la satire plaît plus que l'éloge ; — Discours sur l'esprit de raillerie ; — Discours dans lequel l'auteur fait voir qu'il est moins de véritables ingrats que de faux bienfaiteurs ; — Discours dans lequel on examine si la perfection, telle qu'on l'exige aujourd'hui, n'est point aussi nuisible qu'utile aux progrès des lettres ; — Discours sur l'erreur ; — Dissertation sur l'Iliade d'Homère ; — Réflexions sur la comédie de Racine.

Enfin, Valin ne dédaignait pas d'égayer par son esprit les réunions de sa famille et de ses amis ; il avait fait aussi des chansons. M. Viault, avocat à la Rochelle, en possède plusieurs.

leur fournit un aliment et les porte au plus haut degré d'exaltation. La ferveur catholique qui animait son aïeul s'était perpétuée jusqu'à lui, comme un héritage précieusement conservé. Il suffit de feuilleter ses ouvrages pour y trouver à chaque page des preuves de la conviction sincère et profonde dont il était pénétré, conviction ardente et inquiète comme au jour de la persécution, et qui semble craindre de ne pas se montrer assez au grand jour et de se laisser accuser de faiblesse. C'est qu'en effet, Messieurs, si Valin trouvait pour son culte la protection officielle la plus complète dans sa patrie d'adoption, il ne pouvait peut-être s'empêcher de comprendre que de grands dangers menaçaient dans un avenir prochain ce culte si cher ; il voyait les atteintes que la force toujours croissante de l'opinion portait à la foi catholique, et le besoin impérieux de la défendre dominait toutes ses pensées. Ce caractère militant, si je puis le dire, de la foi de Valin, pourrait fournir l'occasion d'un rapprochement qui ne serait peut-être pas sans intérêt entre le pieux et savant Rochelais et un autre jurisconsulte presque contemporain dont les sentiments religieux sont bien connus : le vertueux Pothier. Pothier était animé d'une foi profonde et que rien n'avait ébranlée ; ses idées de piété, comme celles de Valin, percent dans tout ce qu'il écrit. Mais, à la manière calme dont il les exprime, au ton simple et doux de son langage, on voit que cette âme si candide n'est troublée par la conscience d'aucun combat, d'aucun danger ; on sent que l'écrivain ne soupçonne même pas que cette foi qui l'anime puisse ne pas remplir tous les cœurs comme elle remplit le sien. Les dogmes religieux sont pour lui chose plus certaine encore que les lois humaines qu'il explique ; il ne pressent pas que l'autorité puisse en être ébranlée. Valin, au contraire, plein des souvenirs de la situation précaire du catholicisme dans le pays dont il était originaire, habitant d'une ville où tout lui rappelait la longue domination d'une secte ennemie, et qui avait dû, malgré de terribles réactions, conserver la tradition d'un esprit de discussion en harmonie avec le travail intérieur qui commençait alors à s'opérer dans les intelligences ; Valin, en un mot, comprenant que la foi est en péril, ne se contente pas de la professer hautement, il sent qu'il faut la défendre. De là, Messieurs, ce soin, cet empressement avec lequel il saisit toutes les occasions de combattre l'incrédulité naissante, de déplorer les progrès de ceux qui s'en faisaient les apôtres. Les signes de cette préoccupation constante de Valin sont visibles dans tout ce qu'il écrit ; il me serait facile d'en citer de nombreux exemples, si je ne craignais pas d'abuser trop longtemps de votre attention. On ne peut lire sans émotion ces témoignages de l'inviolable fidélité de Valin au culte de ses ancêtres : une conviction forte et sincère a droit au respect de tous. Toutefois je dois ajouter, pour être impartial, que l'on ne peut voir sans regret l'ardeur même de cette conviction l'entraîner à des sentiments d'intolérance contre lesquels un esprit si éclairé aurait dû se tenir en garde. Valin avait des motifs particuliers qui auraient dû le disposer à l'indulgence envers ceux qui ne pensaient pas comme lui : sa famille avait été proscrite pour ses opinions religieuses ; et lorsqu'on le voit, se montrant peu satisfait des rigueurs exercées déjà contre les réformés, trouver que les exclusions systématiques dont on les frappe ne sont pas encore complètes (1), on craint d'être obligé de l'attribuer à un esprit de ressentiment bien peu conforme à l'esprit d'une religion dont l'un des premiers préceptes est la charité envers le prochain.

Après ses sentiments religieux, ce qui frappe le plus chez Valin, c'est son dévoûment si vif aux intérêts du pays qui avait adopté sa famille proscrite. Déjà Français légalement, Valin ne l'était pas moins par le cœur. Sa constante préoccupation pour le bonheur de

---

(1) *Voyez* Commentaire sur l'ordonnance de la marine, t. 1, p. 472.

la France, sa haine contre ses rivaux, contre les ennemis éternels de sa puissance maritime surtout, se trahissent à chaque instant dans les termes les plus énergiques. La guerre du Canada, qui venait d'être commencée avec tant de déloyauté par les Anglais, lui fournissait un texte fécond d'accusations.

Les intérêts de sa ville natale ne trouvaient pas en lui un défenseur moins actif. Il donna de nombreuses preuves de son zèle dans l'exercice des fonctions de procureur du roi de la ville, charge qu'il remplit jusqu'au moment où elle fut supprimée.

Vous avez pu applaudir plus d'une fois, Messieurs, à la noblesse des sentiments que Valin exprime si souvent dans ses écrits. Ces sentiments, chez lui, ne se bornaient pas à une vaine ostentation, ils firent la règle de ses actions. Je le disais en commençant, les détails nous manquent sur sa vie privée; mais le désintéressement qu'il apportait dans l'exercice de sa profession a laissé quelques souvenirs que le temps n'a pas effacés.

On raconte que l'un de ses plus riches clients, le banquier de la cour, lui ayant envoyé pour ses honoraires une somme qu'il jugea trop considérable, il ne voulut en accepter que le dixième, et renvoya le surplus.

Comme toutes les charges de magistrature, celle de procureur du roi de l'amirauté produisait un revenu composé, pour la plus grande partie, de droits payés par les plaideurs : de là une tendance trop marquée, de la part des officiers qui remplissaient ces fonctions, à s'immiscer dans beaucoup d'affaires où leur intervention n'était pas nécessaire. Valin n'hésite pas à la blâmer hautement, et à user de toute l'autorité de sa science pour restreindre l'exercice des fonctions du ministère public près les amirautés dans les limites que la loi lui assignait.

Valin n'était pas seulement vertueux; il avait, ce qui est plus difficile encore, le courage de ses vertus. Cette délicatesse scrupuleuse dont il faisait preuve, il voulait la trouver chez les autres, et il n'hésitait pas à flétrir la corruption partout où il la rencontrait. Il y avait certainement de la hardiesse à dévoiler, comme il le fait dans son Commentaire sur l'ordonnance, les fraudes des commandants et gouverneurs des colonies, des capitaines et officiers des vaisseaux du roi, qui faisaient le commerce pour leur compte et favorisaient la contrebande, ainsi que la conduite des commissaires aux classes qui employaient leur pouvoir à des actes arbitraires (1).

Ses confrères eux-mêmes n'étaient pas toujours à l'abri de ses attaques, et quelques-uns d'entre eux, en lisant ses ouvrages, durent se trouver cruellement atteints par quelques traits d'une sévérité inexorable ou d'une mordante ironie.

La rudesse d'expression dont Valin revêt parfois ses leçons pourrait même faire soupçonner chez lui l'absence de ces formes indulgentes qui, pour rendre la vertu plus aimable, n'en diminuent pas le mérite, s'il ne fallait pas se hâter de dire, pour le justifier, que cette amertume dont on serait tenté de lui faire un reproche était vraisemblablement l'effet des infirmités qui assiégèrent sa vieillesse. Un témoignage contemporain atteste même l'aménité naturelle de son caractère. C'est cette mention qu'on lit sur les registres de l'Académie de la Rochelle, à l'occasion de la démission qu'il lui adressa : « La compagnie, y est-il dit, a donné des regrets
» à la retraite de M. Valin, que des infirmités habituelles mettent
» hors d'état de fréquenter nos assemblées ; on a donné des éloges
» bien mérités à son assiduité constante, à cet amour du travail
» qui lui a fait remplir sa tâche avec honneur dans les assemblées
» publiques, à ce caractère de bonté et de douceur qui fait le lien
» et l'agrément des sociétés, et surtout à ces productions savantes
» qui vivront après lui, et qui ne mourront qu'avec notre cou-
» tume et le code maritime. »

(1) Commentaire sur l'ordonnance de la marine, t. 1, p. 20, 521 et suiv.

Ces mêmes infirmités qui avaient mis Valin dans la nécessité de renoncer à ses occupations littéraires ne lui permirent plus bientôt de vaquer aux devoirs ordinaires de sa charge. Le 15 avril 1765, il cessa de signer les actes du greffe de l'amirauté. Son fils commença à exercer par anticipation les fonctions dont la mort de son père devait l'investir définitivement sept mois après (1).

Valin, sur la fin de sa vie, s'était retiré dans une maison de campagne qu'il possédait non loin de la Rochelle, à Nieul-sur-Mer. Il y vivait dans une intimité de tous les instants avec le curé du village, vénérable vieillard, dont il partageait même quelquefois la tâche, s'il faut en croire une tradition touchante, en enseignant aux enfants les éléments de la doctrine chrétienne. Ce fut au milieu de cette vie si humble et si calme que la mort vint le chercher, le 25 août 1765, âgé de soixante-dix ans deux mois et treize jours.

(1) Le fils de Valin occupa, après la mort de son père, la place de procureur du roi de l'amirauté jusqu'à la suppression de l'office, qui le ruina complétement. Il avait failli, peu de temps avant, vendre sa charge 60,000 livres. Il mourut peu de temps après, laissant une nombreuse famille dans la plus profonde misère. M. Beaussant, après de minutieuses recherches, est parvenu à constater le sort de chacun des membres de la descendance de Valin. Je transcris le résultat de son travail. Valin avait épousé en 1722 Marie-Françoise Pichard. Il en eut deux enfants. Son fils Pierre-Josué-Barthélemi eut neuf enfants de Madeleine-Henriette Gastumeau, qu'il épousa en 1747. Huit de ces enfants sont décédés sans postérité. Le neuvième, Josué-Benoît-Marie, est mort à Paris en 1818, laissant deux enfants, morts à leur tour sans descendants; l'un, Pierre-Henri-François-Josué, est décédé au couvent de la Trappe, à Soligny (Orne), le 3 septembre 1821; l'autre, Marie-Madeleine-Victoire, est morte à l'Hôtel-Dieu de Paris, le 24 juillet 1825 (elle est dite dans l'acte de décès brodeuse, âgée de 26 ans). La fille de Valin, Marie-Geneviève, avait épousé en 1748 M. Viette de la Rivagerie, conseiller au présidial. Cette branche est représentée aujourd'hui par une dame Viette de la Rivagerie, petite-fille de Valin, demeurant à Niort, et par deux capitaines de l'armée, du même nom de la Rivagerie, arrière-petits-fils du célèbre jurisconsulte.

Il fut enterré dans l'église de Nieul. Une simple pierre couvrit sa tombe, et elle ne fut même pas respectée. Le nom qui aurait dû la protéger s'étant effacé par l'action du temps, on l'enleva en réparant l'église, et le sol qui avait reçu la dépouille mortelle de Valin n'indiquait même plus la place où elle reposait. Un tel état de choses ne pouvait se prolonger, dans un temps où chaque contrée met une noble ardeur à rechercher et à mettre en lumière les souvenirs historiques qui font sa gloire. Les démarches actives de quelques hommes zélés, dignes de comprendre le prix du dépôt que renfermait la modeste église de Nieul, ont hâté la venue du jour d'une éclatante réparation (1). En 1841, une commission fut instituée pour découvrir les restes de Valin, et signaler la place où ils reposaient par un monument digne du grand jurisconsulte. Les recherches furent faciles, grâce aux indications précieuses qu'une prévoyance heureusement inspirée avait pris soin de consigner dans l'acte de décès de Valin, comme pour protéger la conservation de sa dépouille mortelle contre l'indifférence de la postérité (2); et le 30 août 1841, en présence des hommes les plus considérables du pays, qui, par leur empressement à s'associer à cette pieuse céré-

(1) Indépendamment de M. Beaussant qui, dans sa notice publiée en 1836, s'élevait énergiquement contre l'état d'abandon dans lequel on ne rougissait pas de laisser la tombe de Valin, il faut citer surtout M. l'abbé Giraud, aujourd'hui aumônier de l'hôpital Saint-Louis de la Rochelle, qui, pendant qu'il était curé de Nieul, a déployé un zèle infatigable pour rechercher la place où Valin avait été inhumé, et provoquer les mesures qui furent prises afin d'assurer la conservation de ses restes.

(2) Voici la copie exacte de cette pièce : « Le vingt-quatre août mil sept cent
» soixante-cinq a été par nous, curé soussigné, enterré dans notre église,
» dans l'allée de la chapelle de la Vierge, vis-à-vis l'entrée du clocher, le
» corps de maître René-Josué Valin, ancien avocat en parlement et au prési-
» dial de la Rochelle, procureur du roi au siège de l'amirauté de ladite
» ville, décédé en notre paroisse le jour précédent, âgé de soixante-dix

monie, avaient voulu donner un témoignage public de leur haute estime pour celui qui en faisait l'objet, au milieu d'un concours immense des populations voisines, les restes de Valin furent exhumés et déposés dans une chapelle bâtie pour les recevoir.

Un monument devait s'élever sur cette tombe nouvelle. Déjà la souscription ouverte dans le but d'en couvrir les frais avait produit quelques sommes importantes; mais le zèle des personnes chargées de provoquer ces pieuses offrandes s'est trop tôt refroidi, et l'œuvre si bien commencée est restée inachevée. Les admirateurs de Valin auront-ils longtemps encore à gémir de ce nouveau triomphe d'une indifférence coupable? L'étranger qui viendra visiter le tombeau de l'illustre jurisconsulte pourra-t-il, quand on lui montrera un monument si indigne du grand nom qui le décore, trouver un nouveau sujet de répéter le reproche si souvent adressé à ce siècle, où l'ardeur pour toutes les nobles entreprises n'a d'égale que la facilité à les abandonner?

Je ne sais si je m'abuse, Messieurs, mais il peut dépendre de nous, en grande partie, de prévenir ce reproche. Le barreau qui a voulu inaugurer la reprise de ses travaux par un hommage public rendu à la gloire de Valin, ne compléterait-il pas dignement sa pensée en payant aussi son tribut?

L'initiative des hommes honorables que nous aimons à montrer à notre tête aurait, je n'en doute pas, une influence décisive, si leurs efforts venaient s'associer aux efforts déjà tentés par les compatriotes de Valin.

Puisse cet appel être entendu! Pour ma part, Messieurs, après avoir rempli la mission flatteuse, mais difficile, dont votre indul-

» ans ; en présence de messire Louis Durand, seigneur de Lavoux-Martin,
» président au présidial de la Rochelle, et de maître Étienne Viette de la Riva-
» gerie, écuyer, conseiller du roi audit siége, et des soussignés. — Signé
» de Vandôme, Viette de la Rivagerie, Durand, Sauret, curé de Nieul. »

gente bienveillance m'avait honoré; après avoir essayé de payer à la mémoire de Valin un tribut d'éloges malheureusement bien peu digne de lui, je regretterais moins qu'une voix plus éloquente ne se soit pas élevée en son honneur, si ces fugitives paroles pouvaient du moins contribuer à lui assurer un tombeau.

www.ingramcontent.com/pod-product-compliance
Lightning Source LLC
Chambersburg PA
CBHW060645050426
42451CB00010B/1215